Arnaud Soutif

D1927762

Cuaderno de ejercicios para vivir bien tus emociones

El cuaderno que te tiende la mano

MALINKA LIBROS

Agradecimientos: «De corazón, un inmenso gracias a Marie-Hélène Lemasson por toda su generosidad sin esperar nada a cambio. Gracias también a Virginie Hamelin por todos los momentos dedicados a ayudarme a construir.»

Título original
Cahier d'exercices pour bien vivre ses émotions
© 2011 ESF éditeur
Division de la société Reed Business Information
52, rue Camille Desmoulins, 92448 Issy-les-Moulineaux Cedex (France)

Primera edición : septiembre de 2012
Publicado por Malinka Libros
© de esta edición : Terapias Verdes, S. L.
Pau Claris, 167, 08037 Barcelona
www.terapiasverdes.com
ediciones@terapiasverdes.com
© de la traducción: Joachim De Nys

Maquetación: Chloé Sadoun
Ilustraciones: Isabelle Maroger

Fotocomposición: Víctor Igual, S. L.
Aragón, 390, 08013 Barcelona
Impresión: Sagrafic, S. L.
Plaza Urquinaona, 14
08010 Barcelona

Depósito legal: B-25.740-2012
ISBN: 978-84-15322-34-4

Quedan rigurosamente prohibidas, sin la autorización escrita de los titulares del *copyright*, bajo las sanciones establecidas por las leyes, la reproducción total o parcial de esta obra por cualquier medio o procedimiento, comprendidos la reprografía y el tratamiento informático, y la distribución de ejemplares de ella mediante alquiler o préstamo públicos.

Etimológicamente
«emoción» viene de «*movere*»,
que significa «moverse».
La emoción es un impulso hacia los demás,
una señal, un regalo.

¡La emoción es la vida!

Vivir bien tus emociones
es aproximarse a uno mismo, a quien eres en verdad.
Es comprenderse mejor y acoger con sencillez
las emociones de los demás.

¡Experimenta, juega, sorpréndete con este cuaderno de ejercicios!

**¡Más que un cara a cara o un cuerpo a cuerpo,
ofrécete un verdadero corazón a corazón!**

Salida

inmediata

Vivimos los acontecimientos emocionalmente antes de vivirlos intelectualmente, porque tenemos 3 cerebros que «filtran» una tras otra las informaciones antes de dictarnos nuestros comportamientos.

El cerebro «arcaico» o «animal» protege nuestra integridad (física, mental, psíquica...) permitiéndonos adoptar comportamientos «reflejos» o de «supervivencia»: quedarse al acecho ante un peligro inmediato, abalanzarse hacia adelante, salir corriendo... Nuestro comportamiento escapa entonces a toda reflexión lógica o consciente.

El cerebro «límbico» es la sede de las emociones. Cuando llega hasta él una información cargada de una fuerte intensidad emocional, él es el que decide nuestro comportamiento (en los primeros instantes). Si declaramos a un desconocido «¡Te quiero!», su primera reacción será emocional: se sonrojará, retrocederá, fruncirá el ceño, sonreirá... sin «reflexión lógica o consciente».

El córtex es la sede de la reflexión en el sentido lógico: es él el que nos permite realizar las asociaciones de ideas, establecer relaciones, hacer razonamientos...

Elige una persona que te sea próxima y con la que mantienes buenas relaciones.

Prepara una declaración llena de emoción «positiva»:

– Lo que siento por ti es...
– Cuando estoy en contacto contigo me siento...
– Contigo me doy cuenta de que...

Y ve a decírselo sin previo aviso. ¡Abiertamente, sin más!

Observa sus reacciones durante los primeros instantes.
¿Qué ves?

....

....

....

....

....

....

....

....

¡Deja que tus emociones existan plenamente y utilízalas como guía para ayudarte a hacer la buena elección!

Emociones al 7º arte

En tu opinión, ¿cuáles son las 6 principales emociones?

Respuesta: alegría / miedo / asco / tristeza / sorpresa / cólera.

A menudo la necesidad de nombrar nuestras emociones nos coge por sorpresa. Simplemente porque no es un ejercicio cotidiano. Estas 6 emociones son universales. Investigadores en comunicación han puesto incluso en evidencia el hecho de que se expresan mediante los mismos gestos, sean cuáles sean nuestros orígenes y nuestra cultura.

Y para ti, ¿quién encarna mejor estas emociones?

Escribe en las viñetas a continuación el nombre de un actor de cine, el personaje que encarna y el título de la película; o el nombre de un personaje de cómic o cualquier héroe que te plazca que se acerque a la emoción en cuestión.

....

....

....

....

....

....

....

....

....

....

....

....

«Lo hermoso del genio es que se parece a todo el mundo y nadie se parece a él.»

Honoré de Balzac

PODIO

Entre las 6 emociones principales (*alegría, miedo, tristeza, cólera, asco, sorpresa*), descubre tus 3 emociones «faro».

Rodea con un círculo las 20 emociones que experimentas más a menudo. ¡A continuación, completa el cuadro de resultados y descubre tu podio!

Angustiado Agitado Afectado Extrañado Herido

Entusiasta Atormentado Contrariado Agobiado

Alterado Resentido Encantado Ansioso Agresivo

Apenado Estupefacto Asqueado Eufórico Desconfiado

Furioso Deprimido Confundido Desdeñoso Embelesado

Aterrado Hostil Desolado Maravillado Amargado

Excitado Horrorizado Exasperado Abatido Pasmado

Desengañado Colmado Asustado Enojado Afligido

Desconcertado Horripilado Animado

Resultados

Número de	Número de	Número de	Número de	Número de	Número de

Miedo Cólera Tristeza Sorpresa Asco Alegría

¡A vuestros gorros de cocinero!

Todas nuestras emociones son variantes o mezclas de las 6 emociones básicas.

¡Te toca a ti realizar tus recetas!

Respuestas
Alegría + sorpresa = excitado
Miedo + sorpresa = helado
Miedo + asco = horrorizado
Cólera + asco = disgustado
Sorpresa + tristeza = abatido
Cólera + tristeza = desengañado

«Si no eres capaz de
un poco de brujería,
no vale la pena que te pongas
a cocinar.» Colette

¿Emoción

Lee los dos extractos a continuación y pon palabras a lo que siente María.

María: «He visto a Pablo ayer. Sin afeitar, mal vestido, arrastrando los pies...»

Clara: «¿Ah sí?»

María: «Sí. En serio, ¡ya no cuida su imagen! Se viste de cualquier manera. Engorda a simple vista, sus manos están sucias. ¡Deberías ver sus uñas!»

¿Cómo calificarías lo que siente María al hablar de Pablo? ....

....

....

María: «¡He cenado con Iván ayer por la noche!»

Clara: «¿Cómo está?»

María: «Está radiante. Siempre tan sutil, una ocurrencia en cada frase, una sonrisa. Es alegre y sabe transmitirlo. Me presta atención, me escucha mucho. Al fin y al cabo, cuando lo pienso, siempre ha sido muy atento y solícito conmigo.»

¿Cómo calificarías lo que siente María al hablar de Iván? ....

....

....

o sentimiento?

Una emoción se identifica por su espontaneidad, su duración relativamente corta y por un débil anclaje (arraigo poco profundo). La emoción es algo que experimento en el instante T.

Un sentimiento es más profundo. Está anclado en mí, puede desarrollarse día tras día. No se borra al cabo de unos minutos. Puedo alimentarlo con mis reflexiones y darle más amplitud.

Escribe «E» para una «emoción» o «S» para un «sentimiento»:

Ansioso ☐ Crispado ☐ Enamorado ☐ Apasionado ☐ Rencoroso ☐

Loco ☐ Abatido ☐ Aterrado ☐ Airado ☐ Estupefacto ☐

Contrariado ☐ Desgarrado ☐ Deslumbrado ☐ Amargado ☐ Deprimido ☐

Resultados: (**E = emoción / S = sentimiento**)
Ansioso E / Crispado E / Enamorado S / Apasionado S / Rencoroso S / Loco S / Abatido E / Aterrado E /Airado E / Estupefacto E / Contrariado E / Desgarrado E / Deslumbrado E / Amargado S / Deprimido S

Tus emociones nutren tu estado de ánimo, incluso tus sentimientos. Es por tanto esencial permanecer en contacto con lo que sientes.

Pon a prueba

En la siguiente escena, ¿qué percibes que pueda revelar las emociones de los personajes?

tu capacidad para detectar las emociones

Coge tu lápiz y rodea con un círculo los indicios.

Curiosa cara

Mediante las siguientes formas, compón caras y nombra las emociones que expresan.

Alegría

La vida no es un largo río tranquilo

La emoción sigue un ciclo de vida en nosotros que varía principalmente en función de nuestro tiempo de reacción y de la intensidad con la que vivimos los acontecimientos.

La primera fase, la «**puesta bajo tensión**», puede ser muy corta o, al contrario, muy larga. Es un tiempo de latencia durante el cual la emoción empieza a abrirse camino en nosotros.

El desencadenante, que puede ser verbal (una palabra, una expresión, un matiz) o no verbal (una sonrisa, una mueca, un pequeño rictus), va a propulsar la emoción a su «**fase de excitación**»: la intensidad aumenta brutalmente y, concretamente, sentimos que «la cosa se calienta en nosotros».

La «**fase de expresión**» de la emoción es el momento en el que todo se libera y en el que vivimos plenamente nuestra emoción.

Finalmente, la «**fase de alivio**» anuncia el fin del ciclo de vida de la emoción.

Este ciclo en cuatro tiempos puede verse modificado por diversos fenómenos como la aparición simultánea de otras emociones, de nuestros anclajes ligados al pasado o incluso de nuestra intervención meditada y consciente (cuando contenemos voluntariamente nuestras emociones, por ejemplo).

Cuenta tu último ataque de risa distinguiendo estas cuatro fases:

Nuestros corazones se pueden comparar con grandes bibliotecas: algunas contienen mayoritariamente libros, otras objetos o recuerdos que traemos de tierras lejanas...
Cuando la biblioteca está llena, podemos decidir forzar u ordenar de cualquier manera, pero la realidad acabará imponiéndose rápidamente: ¡ya no hay sitio!
Ocurre igual con las emociones: cuando se ha superado la capacidad de almacenamiento, ya no puedes disimular y aguantarlo todo. La emoción se expresa entonces plenamente, con su cortejo de palabras, de gestos, de mímicas... y a veces de objetos voladores...

Hacer sitio en la biblioteca es dejar que las emociones existan
y acogerlas con benevolencia: siempre son legítimas
y siempre tienen una razón de ser.
Entonces, en lugar de combatirlas,
libera espacio.

Saca al menos un libro o un objeto para vendérselo al vacía-trastos y nombra esta emoción sofocada, guardada, oculta en lo más hondo de ti. ¡Libera espacio!

Retorno al pasado

Ayer, en el cine, Amelia se ha puesto a llorar viendo una escena que le recordaba un momento vivido en su primera infancia.

Los **elásticos emocionales** son lazos con tu historia. Algunas situaciones que vives en el presente tienen anclajes en tu pasado.

Esto puede explicarse por el hecho de que ciertos acontecimientos están todavía muy presentes en tu corazón y no forzosamente han terminado. Cuando la situación que se presenta te recuerda (conscientemente o inconscientemente) el acontecimiento pasado en cuestión, entonces tienes la sensación de «revivir» algo que ya conoces.

Reconstituye ahora los grandes momentos que han marcado tu vida:

Racket emocional

El fenómeno del **racket emocional** se produce cuando una persona se prohíbe (consciente o inconscientemente) vivir una cierta emoción y la reemplaza por otra.

¿Por qué? Las razones son múltiples. A menudo es la expresión de un comportamiento de defensa.
El racket emocional permite al que lo practica disimular sus verdaderas emociones para sentirse más seguro. No obstante, estos comportamientos se pueden detectar a menudo porque la emoción expresada suena falsa. Además, son repetitivos, lo cual hace que su autor se desenmascare frecuentemente cuando está ante alguien que lo conoce bien.

He aquí un ejemplo: una amiga te anuncia una muy mala noticia que la atañe. Esperas que esté triste. Al contrario, ¡bromea, se burla de sí misma y trata de provocar que rías!

1. En este contexto, *racket* tiene un significado de trueque, reemplazo, transferencia.

Para no hacer más racket emocional, hay que empezar por ser consciente de ello.

- **¿Cuáles son tus emociones sustitutivas?**

....

....

....

- **¿En qué situaciones?**

....

....

....

- **¿Qué beneficio buscas?**

....

....

....

- **¿Qué podrías hacer para que aconteciera de otra manera?**

....

....

....

Cabeza, corazón, cuerpo

«No se ha hecho nada grande en el mundo sin pasión.»

Friedrich Hegel

¿Cuándo tenemos la sensación de que nuestros mensajes llegan a su destinatario, de que somos perfectamente comprendidos?

¡Cuando nos ponemos en cuerpo y alma al servicio de nuestras ideas y lo hacemos de corazón! Al igual que el espíritu (la pertinencia de las palabras que utilizamos) y el cuerpo (la buena postura, la buena gestualidad), el corazón nos permite ser auténticos y probar nuestras intenciones.

Es esta coherencia entre las palabras que utilizarás, tu gestualidad y la emoción que te animará lo que hará que parezcas creíble a ojos de los demás.

Analiza los siguientes dibujos y adivina lo que hace que el personaje no parezca realmente sincero.

En portada
esta semana

Reconstituye la actualidad de tu última semana: ¿cuáles han sido los acontecimientos esenciales y las emociones experimentadas?
Escribe los titulares de esta revista. ¡No dudes en utilizar fórmulas impactantes!

UAU:
ESPECIAL YO
Buena noticia:
UAU
lo menos:
NUNCA SIN
EXCLU
PAREJA
VIVO MI VIDA DE:

Cultiva tu jardín emocional

¿De qué me puede servir el miedo?

Tu respuesta: ....

....

El miedo puede servir de alerta. Si me siento en peligro, debo reflexionar y elegir la buena opción para mí.

¿De qué me sirve la cólera?

....

....

La cólera libera en mí el exceso de energía contenida y me ayuda a imponer mi mensaje. Me permite expresarme, incluso en presencia de una oposición fuerte (obstáculo).

¿De qué me sirve el asco?

....

....

El asco me indica inmediatamente que la situación no me conviene, que debo realizar otra elección.

¿De qué me sirve la alegría?

....

....

La alegría permite una verdadera sensación de bienestar interior.

¿De qué me sirve la tristeza?

....

....

La tristeza me ayuda a superar mi pena y a adaptarme al cambio. Es un momento necesario para reconstruirme y obrar de otra forma.

Podemos hacer un juicio de valor calificando la tristeza, la cólera y el miedo como «emociones negativas».
Sin embargo, ¡todas las emociones tienen una utilidad!

Emoción = brújula: gracias a lo que siento, sé qué debo elegir, en qué dirección debo ir.

Emoción = carburante: si siento ganas de algo, voy a actuar.

Emoción = sistema de alarma: cuando empiezo a dudar o a frenar, puede que ocurra porque hay un peligro para mí.

¿Cuáles son las emociones que cultivas de verdad y las que censuras?
Dibuja tu jardín: cada emoción es una parte del jardín. ¡En él crecen plantas hermosas y flores magníficas, pero también zarzas!

Detecta

Para comprender lo que es un desencadenante, utilicemos una emoción fácil de descifrar: la cólera.

Visualiza en tu mente un objeto que podría representar fácilmente un desencadenante para la cólera. ¿Qué ves?

....

Importante: ¡no confundas **causa** y **desencadenante**!

La causa es todo lo que precede el acontecimiento, precipitando así la cólera en una fase de excitación intensa. Es lo que alimenta la «puesta bajo tensión» de la emoción.

El desencadenante es un factor exógeno (que viene del exterior) que va a provocar una reacción endógena (que viene del interior) y va a propulsar la emoción en una fase de gran intensidad.
Puede adoptar varias formas:

- verbal (una frase o una palabra oída);
- paraverbal (el tono empleado);
- no verbal (un signo, un gesto, una actitud o un comportamiento en un momento dado).

Puedes detectarlo (conscientemente o no) con tus 5 sentidos: oído, olfato, gusto, tacto y vista.

Identificar los desencadenantes permite detectar aquello a lo que somos sensibles en ciertas situaciones y comprender mejor lo que propulsa la emoción a su fase de alta intensidad.

tus desencadenantes

¡Acuérdate!

La última vez que has montado en cólera:

La causa (real y profunda): (describir aquí el contexto)

....

....

Tu desencadenante:

....

....

La última gran alegría que has sentido:

La causa:

....

....

Tu desencadenante:

....

....

El último miedo que has experimentado:

La causa:

....

....

Tu desencadenante:

....

....

Finalmente, ¿a qué eres más sensible y por qué es importante para ti?

Lo que dicen tus emociones...

¡Examina el siguiente cómic e imagina la reacción posible del héroe! Escribe debajo del personaje dibujado con puntos cómo reaccionarías en su lugar y anota en el bocadillo lo que dirías al otro personaje.

Todos nos hacemos una idea de los demás en función de lo que emana de ellos y, en particular, de lo que creemos conocer de la persona. Por consiguiente, las emociones que nos animan son a menudo perceptibles y hablan de nosotros a los demás. Pueden incluso influenciarlos (conscientemente o no).

Si sientes cólera (rostro cerrado, crispado, tenso...), hay muchas posibilidades de que el otro lo perciba y lo tenga en cuenta para contestarte. Si, al contrario, te acercas a él con calma, probablemente adoptará una postura más serena.

El juego del

La emoción puede conducirnos a representar nuestro rol defensivo preferido.
Enlaza los comportamientos con el centro «yo», repasando con un trazo continuo los comportamientos que adoptas regularmente y con un trazo discontinuo los que te conciernen poco.

Comportamientos:

¡Me agito, me pongo nervioso(a), hablo fuerte!

Me callo, me encierro en una especie de mutismo.

Bromeo, hago burlas, exagero y me atrinchero en mi posición.

Miento, un poco, mucho, con locura...
No lo digo todo o no exactamente como lo pienso.

Hago el tonto, hago ver que no entiendo, hago repetir.

Quiero tener razón, no doy mi brazo a torcer, doy lecciones.

Me quejo, me apiado de mí, me hago la víctima.

Estos comportamientos, *a priori* «negativos», seguramente tienen también una razón de ser. Trata de explicártelos:

Ejemplo: ¡Me agito, me pongo nervioso(a), hablo fuerte!

¡Sí, a veces soy un poco volcánico(a)! Necesito decir y no puedo guardar para mí lo que siento. Me sulfuro y me lo puedo reprochar después. Pero «decir» es lo esencial para mí.

Acoge tus instantes de fragilidad con benevolencia y transfórmalos en pasos necesarios para aceptarte tal como eres. Con el tiempo, quizás puedas modificar algunos de ellos, en aras de una mayor armonía con tus valores profundos o, más sencillamente, ¡con tus deseos!

Completa el texto a continuación:
Ayer he vuelto a ver a Julia. He sentido la necesidad de hablarle de la discusión que habíamos tenido las dos el pasado viernes: le dije entonces que no había ido a la tienda que habíamos descubierto juntas una semana antes. En realidad, sí que he ido... Le he mentido porque no quería que se imaginara que no valoro el hecho de que vayamos juntas. Estaba simplemente demasiado impaciente por volver. Pero ayer, me he venido abajo. No podía seguir mintiéndole por más tiempo.

Antes de decírselo, he sentido mucha ______________ y también un poco de ______________. Me parecía a mí misma una ______________ por haber insistido y haberme defendido para hacer que creyera mi mentira. ______________ su reacción: ¿de verdad iba a perdonarme esta ______________? Y, en caso de que lo hiciera, ¿qué pensaría de mí? Me sentía ______________ en el momento de decírselo. Me daba miedo ______________. Finalmente, ha sido muy ______________ y, sencillamente, me ha dicho: «No es grave, ya me lo imaginaba y te comprendo. Entonces, ¿has comprado algo allí?»

Respuestas: vergüenza, miedo, estúpida, temía, mentira, incómoda, su reacción, comprensiva.

Atrévete a decir

¡No tengas miedo de tus emociones!

Al contrario, utilízalas para apaciguar tu relación con el otro y vivir mejor vuestros intercambios. La palabra libera. Verbalizar tus emociones puede claramente hacerte avanzar, siempre y cuando te respetes y respetes al otro en tu forma de decir.

«La verdadera generosidad hacia el futuro consiste en darlo todo en el presente.» Albert Camus

Mi Mapa

Estamos en el año 2658. Ya hace 200 años que hemos encontrado un planeta similar a la Tierra. Es 120.000 veces más grande y tan sólo lo habitan seres pacíficos. No todos comparten la misma cultura. Son **los Emos.**
Te envían a dicho planeta para administrar una región.
He aquí el mapa.

Y Mi Territorio

Traza las fronteras, reparte los territorios (una emoción = un territorio), coloréalos como sus banderas. ¡Haz las cosas a tu imagen y semejanza!

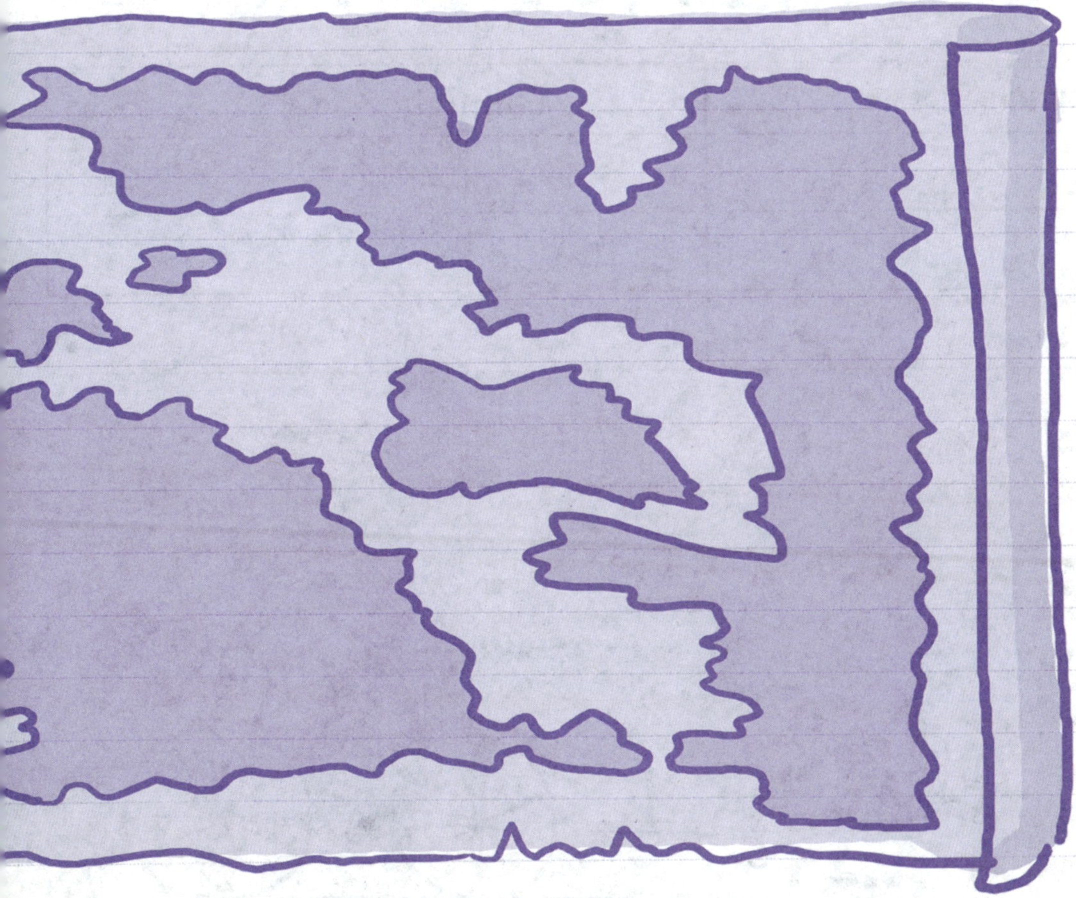

¡Lleno, por favor!

Llenarse de emociones positivas, ¡es posible!
Para ello, primero deberás detectar lo que las causa concretamente.
Hoy, ¿qué has hecho, dicho o vivido que te haya procurado una emoción positiva?

Emociones +++	Cause

Y, más ampliamente, ¿tu semana ha sido positiva? ¿La has vivido bien? ¿Cuáles son las emociones positivas que has experimentado y qué es lo que las ha generado?

Día	Emociones +++	Causa
Lunes		
Martes		
Miércoles		
Jueves		
Viernes		
Sábado		
Domingo		

Si no se te ocurre nada que puedas escribir: quizá sea porque no vives ninguna emoción verdaderamente positiva o porque no te das cuenta de ello, o bien porque las has olvidado. En ese caso, ¡despierta tus sentidos y no dudes en tomarte unos segundos para «anclar» el momento en ti cuando se produzca!

Si no consigues rellenar todas las casillas: quizá sea porque tus días son desiguales en emociones positivas: algunos días son pobres. ¡Detecta lo que produce el éxito de los días «positivos» para reproducirlo en los días «negativos»!

Si no tienes bastante sitio para escribir todas las emociones positivas que vives: ¡felicidades! Eres consciente de las cosas bellas que te rodean y de los hermosos momentos que vives.

¡Respirar, es ganar!

Las principales emociones como el miedo, la cólera, la sorpresa o la alegría se manifiestan en nosotros generando una aceleración de nuestro ritmo cardiaco, más o menos intenso en función de cada uno de nosotros y de la situación vivida.

Así pues, mejorar la calidad de tu respiración puede desempeñar un papel importante en tu forma de acoger tus emociones y de vivirlas bien físicamente. ¡Ejercitarse para respirar correctamente permite sentirse más consciente de uno mismo y, por tanto, vivir bien las emociones, también intelectualmente!

«El amor es una respiración celestial del aire del paraíso.» *Los miserables*, Víctor Hugo

Prueba estas dos experiencias en un lugar público (una estación, una sala de espera, una plaza...). Experimentarás plenamente tus emociones.

▪ Levantado o sentado, cierra los ojos durante más de un minuto y siente tu respiración dejando descansar una mano sobre tu vientre. Anota a continuación tus sensaciones:

Durante: .... **Después:** ....

....

....

▪ Siéntate, tápate los oídos con tapones y centra tu atención en tu respiración. Vas a oírla «desde el interior». ¿Qué sientes?

Durante: .... **Después:** ....

....

....

Experiencias sensoriales

El oído, la vista, el tacto, el gusto y el olfato: nuestros 5 sentidos son nuestras mejores herramientas.

Prueba una experiencia al día: para cada día de la próxima semana, elige ejercitar uno de tus sentidos en particular. Y describe en este cuaderno las emociones experimentadas.

Por ejemplo:
Lunes, el oído: busco un lugar propicio y cierro los ojos durante al menos un minuto. Me concentro en lo que oigo. ¿La gente, mi respiración? ¿Qué emociones se despiertan en mi interior? ¿Sosiego, calma, serenidad?

«No hay nada en nuestra inteligencia que no haya pasado por los sentidos.» Aristóteles

Lunes:

Martes:

Miércoles: 16h piscina

Jueves:

Viernes: 17h cita con Fede

Sábado:

Domingo:

La fábrica de sonrisas

Utilizar tus emociones positivas puede ayudarte a hacer las cosas de forma más sencilla, con mayor flexibilidad o de buen humor.

He aquí tres tubos de ensayo y un tubo testigo.
El tubo testigo es el nivel habitual de «reacciones positivas» que obtienes de tus interlocutores cuando realizas los siguientes experimentos:

- Pedir una información (el camino, la hora, un dato...) a un desconocido.
- Proponer un pequeño favor (aguantar una puerta, ayudar a una persona mayor a desplazarse, recoger un objeto en el suelo...).
- Dar tu opinión ante un grupo (de al menos 2 personas).

«Una sonrisa cuesta menos que la electricidad, pero da la misma cantidad de luz.» Abbé Pierre

Prueba ahora estos 3 experimentos con la herramienta principal de la panoplia de signos no verbales: **¡la sonrisa!**
Pero cuidado, una sonrisa verdadera y franca: que dure varios segundos y que se vea en todo tu rostro.

Tras cada experiencia, colorea los tubos de ensayo en función de los resultados obtenidos. ¿Qué observas?

La tristeza hace huir. Proponer una sonrisa como llave de acceso de la relación puede facilitar a menudo las cosas y permitirnos una mayor apertura al otro.
La sonrisa alimenta la confianza. Es uno de sus ingredientes indispensables. Nos ayuda a elevarnos y a superar la pesadez de algunas situaciones. Más ligeros, nos volvemos más abordables y más agradables.

Less is best (menos es mejor)

Cuando experimentamos agobio, nos sentimos pronto superados...

¡Prueba la experiencia del «desbarajuste organizado»!

Elige una habitación de tu apartamento y dispón en ella objetos (utensilios de cocina, por ejemplo), un poco por todas partes; no dudes en colocar objetos incongruentes (rallador de queso, olla a presión, sartén, ensaladera...) en los lugares menos apropiados (sobre la televisión, sobre el sofá...) y, sobre todo, bien en evidencia.

Sal y vuelve a entrar en la habitación.
¿Qué emoción experimentas?

....

....

Ordena ahora esta habitación hasta que esté perfectamente organizada y lo menos abarrotada posible.
¿Qué emoción sientes ahora?

....

....

Para vivir bien tus emociones
y poder abrirte a tu entorno, necesitas
claridad y sencillez. Ordenar, clasificar,
estructurar, organizar, remendar...
son pequeñas acciones que puedes realizar
cada día y que te harán más disponible,
y por tanto más receptivo(a) a tus emociones
y a las de los demás.

¡Siente y gana!

Numerosos deportistas atestiguan la importancia de sus emociones para tener éxito en una competición.

Asocia las declaraciones a los dibujos que les corresponden.

1. «Necesito sentir el recorrido. Visualizarlo en mi cabeza cerrando los ojos y experimentar los momentos agradables y los más difíciles. Vivirlo así por adelantado me permite prepararme mejor.»

2. «En el momento crucial, bloqueo mi respiración, entro en apnea y me fusiono con el blanco. Lo pienso, lo miro, lo siento. ¡Y disparo!»

3. «Cuando llega la pelota, algunos segundos antes de golpearla, intento sentir dónde debo colocarla. Pondero el desplazamiento de mi adversaria y golpeo para enviarla al lugar donde pienso que tendrá el mejor impacto.»

4. «Cuándo veo que mi compañera de equipo da lo máximo de sí, que entrega toda su energía para nuestro éxito, me siento transportada por una nueva fuerza y mi potencia personal se multiplica por diez. Podría hacer milagros.»

Respuestas: 1. Corredor de maratón 2. Arquero 3. Tenista 4. Jugadora de voleibol

«Idealmente, somos lo que pensamos.
En la realidad, somos lo que realizamos.»

Ayrton Senna

Para todas las personas que se dedican a la competición, las emociones son verdaderos regalos. Permiten sentir mejor, hacer las buenas elecciones (guiar los gestos) y, a menudo, optimizar el rendimiento.

La vida en rojo

La cromoterapia es una forma de ocuparse de sí mismo y de desarrollar el propio bienestar gracias a los colores, ya que todos tienen virtudes y pueden ayudarnos a calmarnos, a reposar o, al contrario, a dinamizarnos.

¡El rojo en particular despierta los sentidos! Es el **color de la vida, de la sangre**, del fuego. Nos estimula y atrae nuestra mirada. Desprende una sensación de calor.

Para llamar la atención, provocar una emoción positiva, suscitar la sorpresa o la curiosidad, rompe con tus códigos y tus hábitos de conformidad: ¡lleva un poco de rojo!

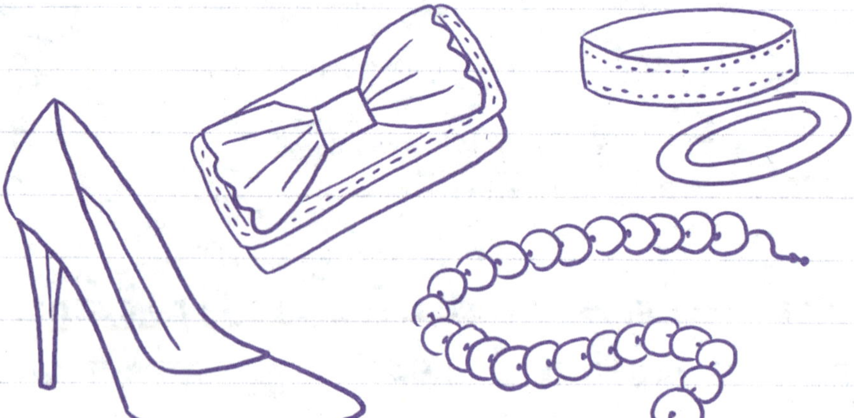

Con un rotulador o un bolígrafo rojo, añade color a la vestimenta de estas personas:

«Las flores del amor son rojas: ¿es pudor, vergüenza o glorificación?»

Anne Barratin

Haz el inventario de todas las técnicas e ideas que conoces para incitar a tus prójimos a desvelar sus emociones:

-
-
-
-
-

«Nadie puede huir de su corazón. Por eso, más vale escuchar lo que dice.» Paulo Coelho

Compartir las sensaciones con el otro, abrir un diálogo acerca de las emociones que lo animan, puede parecer delicado, incluso imposible en algunos casos.

Adquirir conciencia de las emociones del otro precisa una verdadera conciencia de lo que vive. Lo cual parece difícil, ya que no somos el otro y no podemos vivir su vida.
En cambio podemos concentrarnos y escuchar activamente las señales que emite, evitando cuidadosamente juzgarle.
Para lograrlo, la primera etapa consiste en nombrar la emoción que crees percibir en el otro e invitarlo a verbalizar lo que siente: «**¿Estás triste?**».

En este estadio, resulta esencial respetar el pudor y la sensibilidad de la persona y no empezar con la pregunta: «¿Por qué?». Si la persona se bloquea o no quiere responder, deberás respetar primero su silencio, y luego avanzar suavemente poniendo palabras sencillas a la situación vivida: «**¿Te cuesta hablarlo conmigo?**»

Finalmente, para ayudarla a dialogar, también puedes confiarle tus propios sentimientos: «**En estos momentos, lo que siento por ti es...**».

Las frases màgicas

Algunas pequeñas frases muy sencillas pueden ayudarte a expresar mejor lo que sientes y a hacerte comprender mejor por tus interlocutores: son las frases...¡mágicas! Permiten expresar tus necesidades, tus sensaciones, tus emociones o tus sentimientos respetándote y respetando al otro. Son giros positivos para decir con flexibilidad lo que es importante para ti.

Para cada situación, elige el post-it que te parece más conveniente, complétalo y enlázalo con la situación correspondiente.

He tenido un pinchazo en la autopista. Por fin llego a la estación de servicio a pie.

El camarero se ha equivocado al darme el cambio. Faltan 20 céntimos.

Mi madre me acaba de hacer un reproche acerca de mi manera de hablar con mi hija.

Llego tarde y la persona situada delante de mí me impide pasar sin saberlo.

Mi jefe me ha encargado una nueva tarea, cuando ya estoy desbordado(a).

El perro de la vecina no para de ladrar y me pone de los nervios.

El policía viene a pedirme los papeles y sé que los he olvidado.

Con toda serenidad

Poseemos 3 registros de comunicación bien distintos: los hechos, las opiniones y las sensaciones.

Los hechos son precisos, a veces cifrados. Son verificables y pueden servir de referentes comunes.

Las opiniones son personales y discutibles hasta el infinito. Es el terreno de juego favorito de aquellos a quienes les gusta polemizar.

Las sensaciones son personales e indiscutibles: mis emociones tan sólo me pertenecen a mí y nadie está legitimado para decirme lo que siento o para saber mejor que yo lo que experimento. Lo cual nos da una gran oportunidad para gestionar con flexibilidad las oposiciones o los desacuerdos con nuestros prójimos, nuestro entorno o nuestros colegas de trabajo.

¡Expresa tus emociones siguiendo el **método DESC**!

Describir los hechos: permite establecer los hechos y partir de una base de discusión fiable con el otro.

Expresar las sensaciones (las mías, y luego las de mi interlocutor): permite decir lo que nos pesa, verbalizar lo que sentimos para comprendernos mejor.

Sugerir soluciones: permite mostrar pistas de solución y alternativas.

Concluir con algo positivo: permite la apertura para futuros intercambios.

Transforma este texto utilizando el método DESC:

¡Ya estoy harta! Nunca sabes elegir y no entiendes que ir a la piscina no tiene nada que ver con ir al cine o salir de compras... ¡Necesito tiempo para prepararme y estoy enfadada!

19 **Respuesta posible:**

«Me has propuesto ir a la piscina o al cine o salir de compras. (**D**) Estoy un poco perdida (**E**) y me gustaría conocer tu preferencia (**S**), porque necesito un mínimo de tiempo para prepararme. ¡Gracias a ti! (**C**)»

Escucharse, ocuparse de sí mismo(a) y actuar para el propio bienestar respetando a los otros: ¡he aquí cómo desarrollar nuestra inteligencia emocional!

*«Apunta siempre a la luna.
Incluso si no aciertas, aterrizarás
en las estrellas.»* Les Brown

tu buena estrella

Dibuja tu «buena estrella» escribiendo en cada punta una acción que te apetezca realizar para complacerte y sentirte bien.

Ten cuidado con tu ritmo de crucero: querer cambiarlo todo enseguida no puede aportarte serenidad y alegría de vivir...

Títulos publicados

Cuaderno de ejercicios para vivir en calma - Marie-Josée Couchaere

Cuaderno de ejercicios para aliviar el dolor de espalda - Nicolas Proupain

Cuaderno de ejercicios para controlar el estrés - Élisabeth Couzon / Françoise Dorn

Cuaderno de ejercicios para aprender a adelgazar - Dra. Marina H. Dalmau / Werner Thöni

Cuaderno de ejercicios para tomar buenas decisiones - Nathalie Renard / Isabel Fouchécour

Cuaderno de ejercicios para que te conozcas mejor - Isabel Fouchécour / Nathalie Renard

Cuaderno de ejercicios para estar a gusto en el trabajo - Marie-Josée Couchaere

Cuaderno de ejercicios para encontrar el amor - Élisabeth Couzon / Françoise Dorn

Cuaderno de ejercicios para valorarse - Élisabeth Couzon / Anne Brunet

Cuaderno de ejercicios para gozar de la vida - Élisabeth Couzon / Françoise Dorn

Cuaderno práctico para educar a tu hijo sin gritarle - Anne Guibert

Cuaderno práctico para no dejarse manipular - Anne Guibert

Cuaderno de ejercicios para estar a gusto en tu propia piel - Élisabeth Couzon / Françoise Dorn

Cuaderno de ejercicios para dormir bien - Élisabeth Couzon / Françoise Dorn

Cuaderno de ejercicios para tener confianza en sí mismo - Marie-Hélène Laugier

Cuaderno de ejercicios para dar sentido a la vida - Marie-Hélène Laugier

Cuaderno de ejercicios para convivir con los demás - Odile Duplessis

Cuaderno de ejercicios para vivir bien tus emociones - Arnaud Soutif